Dissertatio Medica Inauguralis, De Epilepsia

George Husband Baird

In the interest of creating a more extensive selection of rare historical book reprints, we have chosen to reproduce this title even though it may possibly have occasional imperfections such as missing and blurred pages, missing text, poor pictures, markings, dark backgrounds and other reproduction issues beyond our control. Because this work is culturally important, we have made it available as a part of our commitment to protecting, preserving and promoting the world's literature. Thank you for your understanding.

DISSERTATIO MEDICA
INAUGURALIS,
DE
EPILEPSIA;
QUAM,
ANNUENTE SUMMO NUMINE,
Ex Auctoritate Reverendi admodum Viri,
D. GEORGII BAIRD, SS.T.P.
ACADEMIAE EDINBURGENAE PRAEFECTI;
NECNON
AMPLISSIMI SENATUS ACADEMICI Consensu;
Et NOBILISSIMAE FACULTATIS MEDICAE Decreto;

PRO GRADU DOCTORIS,
SUMMISQUE IN MEDICINA HONORIBUS AC PRIVILEGIIS
RITE ET LEGITIME CONSEQUENDIS;

Eruditorum examini subjicit
EDVARDUS CROASDAILE,
JAMAICENSIS.

Ad diem 24. Junii, horâ locoque solitis.

Caufa latet, vis eft notiffima.
OVID. Met. L. iv.

EDINBURGI:
EXCUDEBANT C. STEWART ET SOCII,
ACADEMIAE TYPOGRAPHI.

M DCC XCIX.

ALEXANDRO DUNLOP,

GLASGUENSI,

INSIGNI CHIRURGIÆ SCIENTIA,

CLARISSIMO,

PEREXIGUUM HOC

ANIMI

MAXIMIS BENEFICII VINCULIS

OBSTRICTI,

TESTIMONIUM,

PALAM,

TRIBUIT,

EDVARDUS CROASDAILE.

DISSERTATIO MEDICA
INAUGURALIS,
DE
EPILEPSIA.

AUCTORE EDVARDO CROASDAILE.

Morborum, quibus hominum genus opportunum est, nullus forsan sæpius quàm Epilepsia medicinæ vires elusit: non solum enim cerebro muneribusque inde pendentibus damnum perenne, plus minus grave, ferè semper infert; sed etiam vitam ipsam subitò interdum extinguit.

Dira ejus signa tantum interdum astantibus terrorem incutiunt, adeoque supra naturæ vires posita videntur, ut antiquitùs numinis irati effectus habita fuerint. Hinc nomen *Morbus sacer*, quo quidem, qui in sacrosanctâ scripturâ *Dæmoniaci* appellantur, laborâsse videntur.

Malum enim inveteratum, et solitò gravius efferam insaniam, quæ miseros, paroxysmorum etiam intervallis, nunquam deserit, interdum comitari observatur.

Plura alia nomina eidem ab Antiquis indita sunt; morbus, nimirum, *comitialis*; morbus *sonticus*; morbus *caducus*; morbus *puerilis*; apud Celsum morbus *major* audit: porrò morbus *Herculeus*, quòd Hercules eodem laborâsse, creditum est; vel potiùs, innuente Galeno, quo ingens mali gravitas significaretur, nominari solebat. Num hæc affectio morbis acutis, aut vetustis annumerandus sit, acriter inter veteres disputatum est: Hi illis, illi his; alii utrisque, accensuerunt *.

Epilepsia rectè a Culleno definitur,

" Musculorum convulsio cum Sopore †."

HISTORIA

* Aretæus Capp.
† Synop. Nosol. Method. T. II. G. LIII.

HISTORIA.

Forma, quâ hæc affectio in diverfos impetum facit, parum quidem variatur. Epilepfiâ idiopathicâ, feu exquifitiore mali fpecie, æger nullo interdum tentationis prænuncio figno, fæpius autem vertigine, vifus, auditus, et olfactus, depravatione, et perfæpe fenfu cujufdam in aliqua membrorum, aut corporis trunci, parte moti, prægreffis, fubitò humi fternitur.

Aeger modò flabro, modò vapori gelido, modò fluido, et faepe infectis, ab aliqua remota corporis parte repentibus, hunc fenfum peculiarem confert, qui fimul ac aliis cor, aliis caput, attigit, Epilepfiæ tentationem concitat. Hic fenfus eft qui ab fcriptoribus Aura dicitur Epileptica.

Haec in immani confiftit omnium ferè motus voluntarii mufculorum, mobiliffimorum praefertim, diftortione, quae alternâ capitis elatione, humilitate, et rotatione, infignitur; oculis faepe fimul horrendum volutis, faepius autem immobilibus,

libus, ita ut tunica *albuginea* fola per palpebras femiapertas confpici poffit.

Hic quidem effectus, poftquam caufa, unde proximè pendet, agere ceffat, faepe permanet; aegerque interdum, rariùs quidem licèt, per vitam reliquam ftrabo fit.

Alii fimul oris mufculi fpafmo rigentes rifum exhibent *fardonicum*, qui cum clonico plurium genarum, et praefertim maxillae inferioris mufculorum, fpafmo alternantur.

Dentes interdum ingenti, quâ hi mufculi contrahuntur, vi, labefacti ex alveolis truduntur, et interdum, quamvis hoc rariùs fiat, ipfa maxilla luxatur. Aretaeus pueri exemplum, cui maxilla inferior ex hac caufa, partem anticam verfus, luxata eft, literis tradidit. Malum, offe, finito morbi impetu, in artus non reducto, per totam complurium quidem annorum vitam immedicabile manfit *.

In omni ferè genuinae Epilepfiae exemplo, aeger albidam et fpumeam ore et naribus effundit

* De cauf. et fig. morb. acut. Lib. I. Cap. V. Pars. I.

dit materiam, adeo interdum viscidam, ut filatim distrahi queat. Haec saepe sanguine a linguâ, ingenti musculorum vi exsertâ, tumescente, et dentibus saeviter sauciatâ, profluente, terribile visu, tingitur. Artus quoque gravi convulsione agitantur, adeo ut eorundem flexura, extensio, aliique motus et situs mirandi, brevi quidem fiant: Pollex praesertim vehementius convellitur, et volam versus plerumque trahitur, quod impetûs gravioris signum haberi potest. Hac convulsiones leviter aliquamdiu remittunt, subitò, et magnâ vi iterum rediturae: Artus verò interdum, convulsionum vice, rigescunt, aegerque, statuae instar, immobilis fit. Internae quoque corporis partes spasmis graviter affici videntur: hoc ex spiritu difficile, ructu, vomitione, ventris murmure, stercoris et urinae, aegro inscio, dejectione, seminisque emissione, haud raris tentationis comitibus, patet: hi quidem effectus malè, me judice, musculorum, quorum est ostia claudere, paralysi tributi sunt: spasmo enim musculorum acceleratorum potiùs imputandi videntur.

Spirandi

Spirandi difficultas ad rhonchum usque aucta quae strangulationem minitatur, totius paroxysmi comes est : nec raro cor gravius palpitat.

Venae per totum corpus admodum tumidae sunt: facies plerumque, praecipuè circa labia, et oculos, livescit, aut subcaerulea fit, tentationis finem versus livida aut nigra evasura.

Arteriarum conditio vitalia, per totum mali impetum, insigniter turbari indicat: hoc ineunte, arteriae celerius et exilius micant, inclinato, et finem versus, plenius, tardius, ac languidius, digitum feriunt. Laryngis musculi spasmis a paroxysmi initio usque convelluntur : hinc ingens saepe aegro corruenti clamor erumpit.

Horrenda ista signorum caterva, ubi vitam non abrumpit, interdum paucula tantum minuta, saepius autem horae quadrantem, aut semissem, commorata, paulatim remittit : tempus autem, quod durat, in diversis exemplis, admodum diversum est. Remissionis indicia sunt spiritus liberior, musculi laxati, et sudor prorumpens; quos altus excipit sopor, ei, qui nervorum resolutione afficiuntur, consimilis : ex hoc aeger,

DE EPILEPSIA.

omnium paroxyfmi rerum nefcius, tandem expergifcitur.

Membra autem jam, ut recte obfervatum fuit, ab initio torpent; capitis gravitatem, aut dolorem debilem ac languidum, fentiunt; pallor in ore fedet; timore, et moeftitia, prae fatigatione, et pudore, ex morbo oriundis, afficiuntur *.

Multis fenfuum ftupor et memoriae debilitas, inde nata ad infigne tempus fuperfunt: faepe autem evenit, ut aeger ad perfectam fanitatem, juftumque omnium functionum ufum, brevi reducatur.

Signorum narrationem perluftrantes, quaedam graviffimum mali impetum indicantia, feminis praefertim jaculationem, invitamque ftercoris et urinae dejectionem, memoravimus. Impetus noctu, quam diu, proclivius fit, fignaque, progrediente morbo, hujus caufis, diverfifque aegri rebus, haud parum variantur. Swietenius nonnullos, qui paroxyfmo quotannis afficiebantur vidiffe fe narrat. Alii bis anno, vere, fcilicèt, et autumno,

---

* Aretæus loco citato Cap. V. p. 3.

autumno, alii femel menfe, et alii plenâ, et filente luna, vel bis menfe, mali tentationem pati folent: alii denique, ut idem auctor refert, plures mali impetus eodem die experiuntur *.

Convulfiones unâ corporis parte interdum contentae funt: hoc autem rarum eft.

Hujus morbi effectus funt modò mentis functionum laefto; modò nervorum morbi; aliàs affectiones fpafticae, quae inflammationem, et etiam gangraenam, inducunt, aliàs apoplexiam; aeger denique aliquo cerebri vafe ruptâ, improvifâ vi lethi rapitur.

DIAGNOSIS.

Nervorum diftentio aliis morbis haud facilè plerumque confundi poteft. *Paralyfis* ab eadem mufculis flaxidis et immobilibus, et praefertim viribus horum, qui motui voluntario inferviunt, deficientibus, facilè diftinguitur.

Nec

---

* Commentar. Vol. X. p. 306.

Nec a Catalepsi, in qua licèt senfuum actio fufpendatur, corpus tamen eundem membrorum fitum, quem, morbo invadente, habebat, conftanter retinet, difficilius internofcitur. Ab apoplexia fopore alto et conftante, qui fenfuum, et motus voluntarii, ceffationi accedit, dignofcitur. Verum eft quidem nervorum refolutione affectos, aliis morbis laborantium inftar, convulfionibus morte inftante, agitari: hîc autem convulfiones affectionis cujufdam primariae effectus funt. Tetanus, fenfu fuperftite, faltem non abolito, facilè ab eadem fecernitur.

Hyfteriae autem violentiori nervorum diftentio intermifceri maximè periclitatur; globi autem fenfus ad ventriculum et fauces afcendentis; urinae limpidae copia profufa, hyfteriae impetum plerumque praegreffa; convulfiones in morbo majori graviores longè, et generaliores; aetas aegrotantis, epilepfia enim plerumque ante pubertatem, hyfteria rariffimè, invadit; animi affectus; in hyfteria mortis timor ferè perpetuus, et plerumque fletus, et rifus, fine evidente caufa, fubitò fe invicem excipientes; et denique oris spuma et sopor profundus, constantes morbi sacri comites, utramque affectionem separant.

At nihilo tamen minus, exempla interdum occurrunt, ubi utriusque affectiones signa adeo sibi invicem intermiscentur, ut diagnosis difficillima, immo interdum impossibilis fiat; hujusmodi exempla Hysteria Epileptica audit.

Hic loci animum ad Epilepsiam simulatam advertere haud abs re erit; saepe enim utrum affectio simuletur, necne, novisse proderit: hoc enim cognito, ne vera fiat, quod saepe evenit, caveri potest. Quoties quis in hujus fraudis suspicionem venit, monemur ut lucernam, aliudve lumen splendidum ipsius oculis objiciamus, observantes simul num pupilla se contrahit, quod in epilepsia simulata plerumque fiet. Vel si, arteriarum pulsum rimantes, cutem unguibus acrius vellicamus, dolor inde natus fraudem indicabit. Vera autem epilepsia laborantibus tantus est sensuum torpor, ut etiamsi in ignem incidant, et caro ad os usque uratur, nullus sentiatur dolor. Hujusmodi mihi casum vidisse contigit, ubi aeger ad tempus insigne paroxysmo immunis evasit, quod ingenti humorum

detractioni

detractioni, uftione effectae, tribuendum videtur.

CAUSAE REMOTAE

funt occafionales et praedifponentes: illae a Culleno in duas varietates diftribuuntur; 1mo. nimirum, in eas quae cerebri vim rectà ftimulando et excitando; et 2do. illas, quae eandem minuendo vel fedando, agunt: illarum effectum *incitationem*; harum, verò, *collapfum* nominat *.

Caufae, incitatione agentes, eae manifeftè fint oportet, quae effectus fuos in cerebrum, nullâ aliâ re interveniente, edunt; vel hoc praeviâ aliae corporis partis incitatione, excitant. Quae primo modo malum concitant, eae ad quatuor capita retulit, quorum primùm funt,

Stimuli mechanici, quibus annumerantur omnia quotquot cranium fauciant, et cerebrum penetrant, et irritant; cranii fracti frufta, vel os in mucronem ex parietibus cranii interni, aut cerebri

* Firft Lines, Vol. III. p. 350-351.

rebri membranis, excrefcens, eodem modo agentia *.

His accenferi debent vis externa, ictu, aut lapfu, capiti illata, fanguis extra venas effufus, ferum, aut acris materia, intra cranium, et denique quidem cerebri ipfius morbi.

2do. Stimuli Chymici : humores ex variis caufis in aliqua cerebri parte exiftentes, et ftagnando acres facti, quâdam actione chymicâ, paroxyfmo occafionem praebere poffunt.

3tio. Hi *animi affectus* qui incitatione agunt : gaudium, putà, et ira : illud cerebri vim validè et rectà excitare manifeftum eft : nec hanc quidem minus clarè eodem modo agere patet.

Huic caufarum capiti annumerandus effe videtur effectus, quem mali confpectus aftantibus, eandem nimirum affectionem, haud rarò affert; et epilepfiam fimulatam tandem in veram mutat. Cullenus, quò hoc confirmet, ad *Exorcifmi*, atque *Quietifmi*, hiftoriam lectores provocat †. Imaginatio

* Firft Lines, Vol. III. p. 352-353.
† Idem, p. 355.

natio infigni in morbis, ante hallucinationem haud exiftentibus, non folùm fingendis, fed etiam revera inducendis, vi pollet.

Atrâ bile percitus, qui Boerhaavium audiebat, omni fe morbo, in Profefforis doctiffimi praelectionibus defcripto, affectum opinari folebat. Hujus viri imaginatio eò ufque aeftuabat, ut quibufdam ex cujufvis morbi, de quo ageretur, fignis, revera affici videretur[*]. Utrum hi effectus mirandi horrori, an merae imitationis vi tribuendi funt, parum quidem certum eft. Exemplum hoc genus maximè infigne, in Valetudinario Harlemenfi, florente celeberrimo Boerhaavio, evenit.

Puella in Valetudinario jam dicto petterrita, convulfionibus corripitur: undique vifum, aut in auxilium, accurritur; omnes dicto citiùs convelluntur. Contagio biduum vulgata, omnes ferè deinceps, quemque ex alio laborante vifo correptum, Valetudinarii pueros, puellafque, tandem exercuit. Valetudinarii medici convocati medicamenta, quae maximâ in fpafmis fedandis vi pollent,

[*] Zimmermann, p. 277.

pollent, fruſtra dant. Tandem Boerhaavius ipſe arceſſitur; vir ſagax, cauſâ, quae morbum vulgavit, perſpectâ, rationem, quâ imaginationem graviter afficeret, inire ſtatuit. Ideo plures fornaces, portatu faciles, carbone ardente, quo hami ferrei incandeſcerent, inſtructas, in diverſis Valetudinarii cubiculis, collocari juſſit. Aegrotantes ſimul nullam jam medicinam, quâ ſanari potuiſſent, praeter ferrum candens ſupereſſe, intentatam, certiores fecit; quo facto, famulantibus mandavit, ut quicunque, ſive puer, ſive puella, morbi tentatione primò corriperetur, ei brachium ferro candente ad os uſquè comburerent. Tantus omnes, hâc ſententiâ auditâ, invaſit pavor, ut redituro impetui, animo obfirmato feliciter reſtiterint.

4to. *Diſtentio nimia vaſorum cerebri*; hoc rectâ ſtimulando malum concitat: Cadaverum enim hoc morbo peremptorum inciſio, praegreſſi ſanguinis in vaſis cerebri congeſtus, indicia prodidit. Hujus congeſtus cauſae ſunt cerebri ipſius tumores, plenitudo totius corporis nimia. Bonetus exemplum hujus cauſae inſigne memoriae prodidit :

DE EPILEPSIA.

dit: Juvenis, nobili profapiâ oriundus, annum decimum tertium circiter agens, athletico plenoque corporis habitu praeditus, copiofè pranfus, et dein nimiâ corporis exercitatione, datatim ludendo ufus, fubitò convulfus corruit: Sanguis magna copia e naribus profluxit; quamvifque medendi ratio maximè idonea adhibebatur, iteratis, fedecim horarum fpatio, convulfionibus fublatus fuit. Cadavere incifo, vafa cerebri fanguinea admodum frigida, fanguifque extra eadem effufus, reperta funt *.

Calor magnus corpori aliquâ, cubiculis, putà, calidis, infolatione diutinâ, morbum efficacifîmè concitant: hinc in regionibus, ubi calor aeftivus ingens eft, meffores faepe in agris inceffit. Ebrietas, mania, et quicquid fanguinis circuitum caput verfus praeter folitum feftinat, morbum itidem excitant.

Caufae, quae interveniente alius corporis partis incitatione, cerebri vim nimis excitando mali tentationi anfam praebent, funt admodum numerofae:

* Sepulch. Anat. Lib. 1. Sec. 12. T. 1. p. 294.

rosae: inter has eminet infantum dentitio, qui, dentibus per gingivas erumpentibus, nervorum diftentione haud rarò corripiuntur; vermes inteftinis hofpitantes; calculi in renibus *, aut veſica; pus aut ferum acre in cerebro, ejufve membranis, exiftentia †; aut acria quorundam, putà; morborum contagiones, in fanguinis maffam diffufa; animi affectus; odores quidem, partium valde fenfilium vulnera; preffus denique aliquà nervo infigni, aut tendini, illatus; hic aurae epilepticae caufa interdum extitit; cujus infigne exemplum, excifo corpufculo cartilagineo, notabilem, cruris nervum comprimente, fanatum literis mandatur ‡.

Secundae ftimulorum indirectorum divifioni metus; horror; fanguinis exinanitio, quae rarò exitium fine convulfionibus affert; venus nimia; moeftitia; metus; terror; affidua et gravior animi, ingenio praeftantis, intentio; menfium, haemorrhoidis, et urinae, fuppreffio;

* La Motte, Traité complet de Chirurgie. T. II. p. 416.
† Pifos. Obferv. et concil. de morb. a feros. Collur. Sect. 2. Part. 2. C. 7. p. 159.

fio, aut difficultas; quibus accenseri possunt inedia, crapula, dolor corporis acerbus, cardialgia, *affectio hysterica*, variolarum contagio, podagra repulsa, et denique venena in corpus recepta, quae, quoties exitium afferunt, convulsionem violentissimam excitant.

Cùm multae ex causis jam enumeratis in corpus frequenter, nulla nervorum distentione concitatâ, agunt, causae quaedam praedisponentes necessariè existant, jure colligamus oportet.

Harum praecipuae videntur,

1mo. Labes haereditaria; haec licèt ab avis, proavis, vel etiam atavis, non a parente proximo ad prolem descenderit.

2do. Nimia corporis plenitudo. Hanc corporis conditionem proclivitatem dare hinc patet, quòd pleniores saepe malo tentantur; eandemque cum corpore laxo ac debili conjunctum esse jure concluditur *.

---

* Cullen. ibid. p. 372.

3*tio*. Morbofa corporis mobilitas, quae, ex ingenitâ corporis conditione, plerumque pendet; et quibufdam aetatibus, prae caeteris, veluti mulieribus, circa pubertatis tempus, pueris, et ex quavis caufa infirmatis, exquifitior eft. Caufarum praedifponentium haec quidem frequentiffima eft.

4*to*. Conditio corporis, nefcio quam, fomno effecta. Hujus rei ratio imprimis difficilis eft; eandem tamen proclivitatem in epilepfiam multis dare, pro certo conftat: hos enim dormientes aut femifomnes, folùm invadit.

Hic autem nodus fic forfan folvi poteft. Somnum *excitabilitati* quae praegreffi ftimulatione diei exhauritur, reficiendae dicatum effe, inter medicos jam conftat. Huic principio innixi facilè concipere poffumus, quare morbus noctu faepe, aut mane, invadit; tunc enim *excitabilitas* haud parum neceffariè augetur; in eodem igitur ultra modum incitandâ, ftimuli multò majori vi his temporibus pollebunt.

5. Terror

DE EPILEPSIA.

5. Terror matri brevi ante aegrum natum, ex confpectu morbo laborantis, et corruentis, incuffus.

6. Argentum vivum cafu, aut de induftria, corpori admotum morbum majorem haud raro concitaffe, obfervatum eft. Qui metallis deaurandis, aut hydrargyro, ex hujus vena vi ignis feparando, occupantur, hi faepe manuum tremore, paralyfi et nervorum diftentione, horum malorum licèt antea prorfus immunes, corripiuntur.

7. Ingenii acumen. Hoc proclivitatem dare hinc patet, quòd morbus reconditiora animo fecum diutiùs volutantibus interdum inceffit.

8. Morbi confuetudo, cujus vis cunctarum caufarum praedifponentium eft maxima.

CAUSA PROXIMA.

Hanc argumenti partem caliginofâ nocte premi obfervandum eft: fatis igitur, cum nil proprium fuppetit, clariorum auctorum fententias meminiffe habebo. Paroxyfmus a quibufdam nifui vis musculosae voluntario tribuitur, qui fit, ut vis cerebri, dolorem levandi confilio, exhauriatur *.

Hoc autem nil aliud quàm mera hypothefis eft. Alii fenfum et motum ex diverfis cerebri partibus oriri ponunt; hi cerebri vim paroxyfmo laborantibus in nervis motui infervientibus vehementiùs augeri; his verò, unde fenfus pendent, ceffare, aut penitus aliquandiu deleri, hincque foporis, fpafmorumque, rationem reddi poffe, opinantur. Quaedam paralyfeos phaenomena huic opinioni favere videntur; in illa enim, quarundam corporis partium motus penitus abolentur, dum fenfus incolumis manet, et contrà fenfus interdum prorfus amittitur, dum motus huic damno fuperfunt †.

Cullenus de proxima morbi majoris caufa agens fic loquitur: " With refpect to the proxi-
" mate caufe of this difeafe, I might fay, that it
" is an affection of the energy of the brain,
" which,

---

* Darwin Zoonomia, Vol. II. p. 329, &c.
† Van Swieten. Comment. Vol. X. p. 400.

" which, ordinarily under the direction of the
" will, is here, without any occurrence of it,
" impelled by preternatural caufes. But I
" could go no farther: For, as to what is the
" mechanical condition of the brain in the ordi-
" nary exertions of the will, I have no diftinct
" knowledge; and therefore muft be alfo igno-
" rant of the preternatural ftate of the fame
" energy of the brain under the irregular mo-
" tions here produced.*

PROGNOSIS.

Qui judicium de hujus mali eventu ferret, is primò difcernere debet, utrum idem idiopathicus, an fymptomaticus fit. Si aeger annum vigefimum primum non impleverit; et mali impetus e manifefta caufa excitante pendeat, nec faepe a morbo inchoato, invaferit; neque gravior fuerit; aut diu duraverit; idem, caufâ fublatâ, radicitùs fanatum iri, jure expecta-
mus

---

* Firft Lines. Vol. III. p. 349. 350.

mus. Morbus modò pubertate, modò eruptione super cutem, modò febre intermittente, tollitur.

Si malum autem violentioribus animi affectibus, et praesertim ejusdem motu, in quem aeger est naturâ proclivior, concitetur; si aeger plus annos viginti licèt natus, infirmo corporis habitu fit; si morbus, utcunque mitis, impetum saepius, praenuncio nullo hujus indicio praegresso, fecerit; si denique parentes eodem laboraverint, salus admodum improbabilis, si non penitùs desperanda, videtur. Malum est itidem, si nervorum diftentio annum vigesimum primum circiter agentes adoritur; pejusque adhuc si impetus frequentiores evaserint: saepius enim iterati functiones animales labefactant, nec rarò fatuitatem inducunt: modò in melancholiam aut maniam, modò in apoplexiam lethalem, aut paralysin definit.

Violentiores denique mali tentationes, longis intervallis disjunctae, multò minus periculi quàm mitiores saepius iteratae, habent.

RATIO

RATIO MEDENDI.

Morbus major, prout idiopathicus, aut symptomaticus fuerit, diversa remedia postulat.

Quando ex alio manifestè pendet, de morbi primarii natura, et sede, quae aliae aliàs sunt, primò constare debet. Si vermibus vel acore primas vias irritantibus concitetur; illi medicamentis *anthelminticis*; hic absorbentibus et roborantibus, tolli debent. Dentitio malum infantibus saepe parit; hîc gingivarum incisio, quippe qua harum dolori et irritationi dente erumpente motis, occurritur, votis bene respondet. In Epilepsia *sympathica* primariae affectionis sedes, aurae originem indagando, haud rarò inveniri potest: si e vitio organico pendeat, pars, si tutò fieri potest excidatur; sin minus, morbosa irritatio vesicatoriis, fonticulis, vel etiam ferro candente, parti, si commode fieri potest, vel hujus vicinitati, adhibitis, summoveatur.

Si haec remedia expectationem fallant, vel adhiberi nequeant; et aura nervi, cui aditus patet, curfum fequitur, vel inde oriri videtur, nexus illum inter et cerebrum intercipiatur. Si aurae origo inveniri nequeat; fi per membrum caput verfus afcendere fentiatur; inftrumentum chirurgicum, *Tournequet*, nimirum, fupra membri partem, quâ aura afcendens primo percipitur, admotum, paroxyfmum ingruentem faepius arcere, inventum eft; et mali confuetudinem fic impediendo, ad idem radicitùs tollendum pertinere poteft. In aliis denique epilepfiae fymptomaticae exemplis remedia, pro primariae affectionis diverfitate, diverfa manifeftè fint oportet.

Secundae morbi fpeciei, Epilepfiae, nimirum idiopathicae, curatio ex noftra caufarum remotarum cognitione itidem pendet. Hic medendi confilia funt duo, caufarum fcilicet excitantium feu occafionalium evitatio, et praedifponentium amotio et emendatio.

Caufae occafionales, fi modò cognofcuntur, facilè evitari queunt: cùmque haec faciendi ratio in promtu eft, paucae quidem obfervationes fufficiunt.

Primo

DE EPILEPSIA.

Primò a nimia vaforum diftentione, quae ex morbofa totius corporis plenitudine pendet, et mobilibus praefertim, venas turgere facit, fedulò ab omnibus, morbo majori opportunis, caveatur. Graviores itidem animi affectus, quippe fyftematis nervofi leges turbando, morbum faepius concitantes, diligenter evitandi funt. In multis quidem exemplis, ubi proclivitas in morbum neque tolli neque corrigi queat, caufarum occafionalium evitatione, rediturae tentationi occurri poteft.

Nec quidquam majoris ad falutem recuperandam, quàm a frequentiori mali impetu cavere, momenti eft.

Ad ultimam rei partem, proclivitatis, nimirum, in morbum amotionem, quod perfecta ejufdem fanatio audit, jam devenimus.

Ordo, quem fequimur, duo itidem confilia complectitur.

1mo. Morbofae mobilitati ex nimia corporis plenitudine oriundae occurrere.

2do. Caeteras mobilitatis, quae ex debilitate directa vel indirecta pendet, caufas tollere.

Quod primum confilium attinet: fi plenitudo adfit, regimine antiphlogiftico, diaetâ praefertim idoneâ, et juftâ corporis exercitatione tollenda eft. Diaeta ex frugibus, et lacte conftare debet. Idoneo harum rerum regimine malum faepe radicitùs fanatum fuit. *Fonticuli* etiam, huic quippe fini refpondentes, haud rarò infigniter profuerunt. Antiqui fonticulos ferro candente vertici, feu occipiti, admoto, inurebant, cicatrice feparatâ, humorum detractionem unguento ftimulante parti adhibito per infigne temporis fpatium perpetuabant: hâc ratione aeger faepe ad fanitatem redactus eft. Hoc autem remedium rarò nunc dierum ufurpatur: paucofque aegros, qui idem fufciperent, fi medici etiam experiri voluiffent, reperiundos effe, credo. Ipfe quidem commodum e veficatoriis capiti admotis, conftantique humorum ex parte exulcerata detractione diu fuftentatâ, infigne proveniffe vidi. *Setacea* cervici indita pariter profuerunt.

Sanguinis detractio anceps quidem, quippe obefitati favens remedium videtur: quoties autem totius corporis plenitudo urget, fanguinifque circuitus caput verfus praeter naturam augetur; cujus indicia funt caput vehementiùs dolens, arteriae carotides, et temporales palpitantes, facies rubore fuffufa; praefertim fi haec figna definitis temporibus redeant, et plenitudinem minuendi ratio neglecta fuerit; fanguis ex toto corpore, et etiam ex parte maximè laborante, detractus, faepe quidem profuit, folumque eft auxilium, cui hîc confidi poteft. Haec exinanitio maximè prodeft, quando ex vafis parti affectae proximis detrahitur: arteriae *temporalis*, et *occipitalis*, incifio, antiquitùs multùm invaluit, et etiamnum a quibufdam anteponitur: venae autem jugularis fectionem, quippe quâ fanguis pleniore rivo profunditur, et faciliùs fifti poteft, haud minùs profutura, imo anteferenda, videtur: caveri autem debet, ne fanguis ad animi deliquium ufque mittatur: hoc enim, ut vidimus, morbum non folum auget, fed etiam non rarò concitat.

Alvi purgationem infigniter ad corporis plenitudinem tollendam, praefertim ubi abnormes fanguinis diftributiones caput verfus fe produnt, conferre judicamus. Medicamenta refrigeratoria,

quae

quae alvum leniter movent, *foda* nimirum *tartarifata*, *foda phofphorata*, *foda vitriolata*, aut *potaffa tartarifata*, largâ aquae copiâ liquata, anteponi debent.

Vomitaria, quippe fanguinis curfum caput verfus augentia, quod faepe morbo majori opportunis nocet, cautiffimè dari debent: in periodicis autem exemplis, die uno, vel altero, ante accefsum adminiftrata prodeffe, obfervatio docuit. Exemplum hujufmodi juvenis, quem morbus femel menfe, plenâ fcilicet lunâ, praegreffo labii inferioris tremore, indicio vomitionis ferè praenuncio, invadere folebat, a Swietenio narratur; fi vomitio, impetu urgente, libera effet, hic brevi deceffit, tempore folito reverfurus. Vomitio mitis, triduo ante folitum mali acceffum, fingulis menfibus, idoneis medicamentis, mota, impetum arcebat: aegerque ufu roborantium femeftri, et opio fimul horâ fomni dato, penitus convaluit.

Graviores itidem animi affectus, quippe generis nervofi leges turbando morbum faepius concitantes, diligenter evitandi funt. In multis quidem exemplis, ubi proclivitas in morbum neque tolli, neque

neque corrigi queat, rediturae tentationi, caufarum occafionalium evitatione, occurri poteft.

His de caufis occafionalibus dictis, ad fecundum medendi confilium, proclivitatis nimirum in morbum amotionem, devenimus.

Haec proclivitas in morbofa mobilitate, quae ex debilitate pendet, maximè confiftit; haecque nifi ab ingenita corporis temperatura provenerit, medicinam faepe admittit.

Remedia, quibus hoc confilium abfolvitur, funt aër frigidulus, balneum frigidum, exercitatio, medicamenta aftringentia et tonica. Quoties autem debilitas ex inanitione pendet, vires diaetâ plenâ vino generofo reficiantur oportet.

Debilitati occurrendi ratio, praeter jam dictam, funt remedia tonica et antifpafmodica, vel aliis verbis, ftimulantia. Tonica funt metus, aliquifve modicus terroris gradus, aftringentia, tonica quaedam ex frugibus, et metallis, parata, et frigidarium. De his figillatim aftrictiùs agemus.

Metus, miranda, qua hic animi motus non folùm in malo concitando, fed etiam tollendo pollet, vis, ex impubere juventa eodem in valetudinario

nario Harlemenſi graviùs affecta, et a magno Boerhaavio, ut ſupra narravimus, feliciter ſanata, manifeſtè patet. Febris, ptyaliſmus, venus, puerperium, et etiam verberatio, morbum interdum curârunt.

Horror etiam eodem ferè modo, quo timor huic morbo opportunos afficit, ut ex eodem incantamentis et ſuperſtitione antiquitùs ſaepe, ut fertur, ſanato, manifeſtum eſt. Aretaeus morbo majori obnoxios, cerebro vulturis, aut crudo avis marinae, aut felis domeſticae, corde comeſo, ad ſanitatem redactos fuiſſe obſervat. Alii magnos effectus bibendo ex cranio humano, vel aquae hauſtu ex calice cujus fundo ſimul inſidet bufo, aut calido gladiatoris recèns necati ſanguine epoto, editos fuiſſe narrant: ultimam autem ex his remediis morbum interdum auxiſſe fatentur. Unum aliud tantùm ex hujuſmodi medicamentis, quippe olim in magno pretio habitum, alces ſcilicet ungulam, memorabo. Haec ideò invaluit, quod alce malo opportuna olim exiſtimabatur.

Antiqui magnam aliorum hujuſmodi remediorum farraginem, quae jam ferè ex toto exolevit, commendarunt.

commendarunt. Quoad effectus nil mihi, eodem quippe nunquam experto, obfervandum fuppetit. Quoties profuerint, hoc, crediderim, ex horrore folo, et faftidio, provenit. Horrendo tum animi tum corporis motu excitato, catena morbofa, unde proclivitas in paroxyfmos pendebat, abrumpi potuit.

Varia quidem aftringentia et tonica ex frugibus derivata religiofè olim ufurpari folebant.

Vifcus Quercinus multum antiquitùs invaluit; terrore autem, quem imaginationi incutere folebat, amiffo, iners jam et inefficax evafit.

Medicamenta amara non fine fructu fubinde dari folebant. Cinchonae officinalis cortex. Vi quâ hic in corpore firmando pollet, eundem commendat, eique in quibufdam exemplis facilè adducor ut confidam: nec defunt quidem cafus, quibus manifeftò profecit. Experimentis clinicis cel. Profefforis Home jure laudatur: malo periodico, morbofâ corporis plenitudine non exiftente, dofibus magnis, aliquandiu ante acceffum datis, maximè prodeft.

Tonica

Tonica metallica, quae praefertim ex cupro, zinco, et ferro, parantur, caeteris omnibus longè praeftant.

Cuprum ammoniacum diu jam in magno pretio habetur : multis enim morbi exemplis admodum profeciffe, et nonnulla radicitùs fanâffe, experientia docuit *.

Zinci praeparata. Hujus flores, feu *oxydum*, eximium quidem remedium a quibufdam exiftimatum eft; in omni nervorum diftentione, et praecipuè in illâ, de qua hic agitur, commendante Gaubio, invaluit. Benjaminus Bell in primo Commentariorum Edinburgenorum medicorum volumine, infigne hominis annos triginta quinque nati, hoc malo decennium graviter affecti, qui maximum ex hujus medicamenti ufu beneficium percepit, exemplum memoriae prodidit.

Zincum vitriolatum itidem laudatum eft, et faepe, fed exitu parum felici, datum fuit.

Ferrum tantas corpus firmandi vires poffidet, ut

---

* Profeffor Duncan, Medical Cafes, p. .2

ut aliquid inde boni, fi majoribus quam vulgò folet, dofibus daretur, jure expectandum fit.

Stannum, hydrargyrum, et arfenicum etiam, beneficio autem nullo, aut ferè nullo, percepto, aliud aliàs, ufurpata fuerunt. Argentum itidem *nitratum*, haud parvam exiftimationem nuper fibi peperit; idem autem non fine periculo effe videtur.

Balneum frigidum hoc morbo laborantibus enixè, et ratione virium ejus roborantium habitâ, jure quidem commendatum eft; et ex recèns a D. Currie obfervatis, haud improbabile videtur, quin frigidarium imbriferum, aut totum corpus, urgente vel jam inftante acceffu, frigidae immerfum, praeftantiffima paroxyfmum curtandi ratio exiftat. Quoties hoc remedium ingruenti malo occurrit, hoc corporis actione, quae priori morbofae conftare nequit, motâ, efficitur.

Si calor gratus, brevi poft frigidae ufum, in totum corpus non diffunditur; fi contrà aeger frigus, aliofque fenfus ingratos, queritur, remedium minimè iterari debet: hîc enim plus mali, quam boni afferet. Frigidarium ideo in hoc morbo expectationem toties fallit, quòd, in multis ejus exemplis, sensûs torpor adest. Quoties hic est, nil boni sperandum: Porro his, quibus vires multùm franguntur, et praesertim organa, quorum est alimenta solvere, et in sanguinem mutare, infirmantur, praecipi non debet.

Caetera auxilia, quibus morbosae mobilitati occurritur, sunt *Antispasmodica*; quae contractionis causas saepe impediunt, et summovent, et vim nervosam partem affectam versus auctam minuunt: hinc vis nervosae aequilibrium ubique corporis restauratur, voluntas exul in regnum reponitur, justaque musculi tensio restituitur.

Materiae medicae scriptores plurima hujus classis medicamenta morbo comitiali laborantibus commendant. Cullenus eorundem pleraque ex frugibus derivata inertia penitusque inutilia esse notat. Utcunque sit, praecipua medicamenta, quae nervorum distentionem sedandi vi pollent, sive ex plantis, rebus fossilibus, aut animalibus, parantur, memorabo.

Ab opio, quippe efficacissimo, incipiemus: haec medicina vim musculorum irritabilem usque eò minuit,

minuit, ut copia idonea, brevi ante accessum expectatum data, hunc efficacissimè arcere queat: exemplis, quibus morbosa corporis plenitudo non est, et praesertim, ubi malum irritatione, aut irritabili vi nimiâ, exoritur, maximè prodesse solet.

Aetheris sulphurici, tentationis initio, vel hâc jam instante, haustum satis magnum, eandem fugâsse, aestum ejus saltem saepius repressisse, experientiâ constat.

Moschus, de meliore notâ a quibusdam commendatur, modò dosibus magnis saepe iteratis assumatur. Prae vi, quâ spasmos componere perhibetur, eò adducor ut ei haud parum innitar: cùm autem nervorum distentione laborantibus nondum datum vidi, nihil certi de viribus ejus hic proferre possum.

Valerianae officinalis radix diu non solùm in morbo majori sed etiam in aliis affectionibus spasticis usurpata fuit. Professor Rutherford eandem in praelectionibus suis laudat, commodum manifestum ex dosibus magnis frequenter repetitis, saepius se vidisse narrat. Magna hujusmodi medicamentorum

dicamentorum varietas diverfis temporibus in hujus mali curatione adhibita fuerunt; horum praecipua funt, Helleborus albus, Hyofcyamus niger, Solanum lethale feu Atropa Belladona, Datura Stramonium, Aconitum Napellus, Oleum Succini, Ferula Afafoetida, Caftoreum, Camphora, Galbanum, et Ruta graveolens; exempla hâc plantâ antiquitùs fanata legimus: in his autem morbum ex vermibus proveniffe verifimile mihi videtur.

Oleum animale, et fal cornu cervi, exitu autem parum putamus profpero, ufurpata fuerunt. *Nux vomica* magnis nuper laudibus elata fuit: in uno exemplo tentatam vidi; nil autem boni, quod percipi potuit, peperit.

Antifpafmodica, malo inftante, aut faepius redeunte, data, maxime prodeffe obfervantur: quodcunque ex eifdem ufurpetur, ita dari debet, ut effectus, quem ediderit, nunquam penitùs ceffet; diuque, poftquam tentationes redire defierint, continuetur; donec morbi confuetudo in defuetudinem abeat: tempus per quod medicamentum, hoc confilio, dabitur, paroxyfmorum longitudini

longitudini et violentiae pro ratâ refpondeat oportet: dubitari enim non poteft quin morbus major, complurium aliorum generis nervofi affectionum inftar, femel inchoatus, vi confuetudinis perpetuetur.

Doctor Currie in monitionibus fuis medicis notabile morbi majoris, eâdem fere horâ, quoque vefpere invadentis, exemplum narrat; quod nicotianae cataplafmate cordis fcrobiculo, femihorâ ante tentationem praevifam circiter admoto, fanatum fuit. Hîc remedium animum et corpus graviter afficiendo, impetui redituro occurrit, et obftitit. Idem auctor internum Digitalis purpureae ufum duodecim aegris infigniter profuiffe comperit: eadem autem prae diris, quae interdum excitat, fignis, copiâ curationi abfolvendae idoneâ dari non potuit. *Calvariae terebratio* in exemplis mali vehementioribus, poftquam caetera omnia remedia fruftra tentata fuerint, commendatur: Haec autem, refugium quippe periculofiffimum, nunquam, nifi quibus cerebri compreffio malum concitaverit, aut aliqua cranii pars carie pereditur, a prudente medico adhibebitur.

Benjaminus

Benjaminus Bell, in tertio Chirurgiae suae volumine, tria morbi majoris inveterati exempla refert, quibus hoc remedium tentatum fuit: ex his duo, brevi poft periculum, cerebri inflammati fignis correpti, mortem obierunt: tertius, e terebrationis effectibus, morbo tamen nihil levato, aut mutato, convaluit. Jamque varia remedia, faltem praecipua, quae variis temporibus morbo majore laborantibus data, aut laudata, fuerunt, agitavimus: cuncta autem eadem, in multis quidem exemplis, infeliciter tentata, morbum Medicinae opprobrium etiamnum permanere, narrare me piget.

Cùm malum autem caufâ aliquâ aegrum fubitò et vehementiùs afficiente, haud raro concitatur; et vi confuetudinis frequenter perftat; fic caufa contraria, quae priori haud minori vi adverfatur, omnium putà corporis et animi confuetudinum mutatio, praeftantiffimo interdum remedio eft: Coeli, igitur, diaetae, vitaeque generis mutatio, inter efficaciffima auxilia faepe invenientur.

FINIS.

Printed by Libri Plureos GmbH in Hamburg, Germany